An Evening By The River: Short Stories for Danish Language Learners

Artici Bilingual Books

Published by Artici Bilingual Books, 2024.

While every precaution has been taken in the preparation of this book, the publisher assumes no responsibility for errors or omissions, or for damages resulting from the use of the information contained herein.

AN EVENING BY THE RIVER: SHORT STORIES FOR DANISH LANGUAGE LEARNERS

First edition. March 13, 2024.

ISBN: 979-8224582037

Written by Artici Bilingual Books.

Table of Contents

Solnedgangen ved havet

Langs den afsides kystlinje strakte sandet sig så langt øjet rakte. Havet, uendeligt og dybt blåt, mødte horisonten i en flydende linje af ro og mystik. Solen stod lavt på himlen, kastende sit gyldne lys over alt det rige, der mødtes ved vandkanten.

En mand ved navn Jakob vandrede langs stranden, hans skridt forsigtige, som om han balancerede på grænsen mellem land og hav. Hans sind var lige så stille som bølgerne, der kærtegnede kysten, og hans blik var fæstnet mod solnedgangen, der malede himlen med farver af rød og orange.

Jakob var en ensom mand, hvis liv var præget af savn og længsel. Han havde mistet mange ting på sin vej gennem livet: kærlighed, venskab, og en tro på en bedre fremtid. Men selv i hans ensomhed, fandt han trøst ved havet, der altid stod trofast og uforanderligt.

Mens han vandrede, fandt Jakob sig pludselig standset af synet af en kvinde, der sad alene på en klippe ved vandkanten. Hendes hår var som gyldne tråde, oplyst af solens sidste stråler, og hendes ansigt bar spor af både smerte og skønhed.

Jakob nærmede sig langsomt, hans skridt varsomme, som om han frygtede at forstyrre hendes fred. Kvinden bemærkede ham ikke først, men da hun endelig så op og mødte hans blik, var der en genkendelse imellem dem, som om de havde kendt hinanden i en anden tid og et andet sted.

De talte ikke meget, men deres ord var som en melodi, der blev båret af vinden og bølgerne. De delte historier om deres liv, om tab og længsler, om drømme, der aldrig blev til virkelighed. Og selvom de var fremmede for hinanden, følte de en forbindelse, der var stærkere end ordene kunne udtrykke.

Da solen endelig forsvandt bag horisonten, rejste Jakob sig og tilbød kvinden sin hånd. Sammen vandrede de langs stranden, deres fodspor efterladende dybe spor i sandet, som et tegn på den tid, de havde delt sammen.

Da de nåede tilbage til udgangspunktet, stoppede de op og så ud over det stille hav. En følelse af fred og tilfredshed fyldte deres hjerter, som om de havde fundet noget, de havde ledt efter uden at vide det.

Kvinden vendte sig mod Jakob og smilede, et smil der nåede hendes øjne og oplyste hendes ansigt som en stjerne i den mørke himmel. Og selvom Jakob vidste, at dette øjeblik kun var kort, ville det altid leve videre i hans sind som et minde om den skønhed, der kunne findes ved havet, og den forbindelse, der kunne skabes mellem to fremmede sjæle.

Sunset by the Sea

Along the secluded coastline, the sand stretched as far as the eye could see. The sea, infinite and deep blue, met the horizon in a fluid line of tranquility and mystery. The sun hung low in the sky, casting its golden light over all the richness that met at the water's edge.

A man named Jacob walked along the beach, his steps cautious as if he were balancing on the border between land and sea. His mind was as calm as the waves that caressed the shore, and his gaze was fixed on the sunset, painting the sky with shades of red and orange.

Jacob was a lonely man, whose life was marked by loss and longing. He had lost many things on his journey through life: love, friendship, and a belief in a better future. But even in his loneliness, he found solace by the sea, which always stood faithfully and unchanged.

As he walked, Jacob suddenly found himself stopped by the sight of a woman sitting alone on a cliff by the water's edge. Her hair was like golden threads, illuminated by the sun's last rays, and her face bore traces of both pain and beauty.

Jacob approached slowly, his steps cautious as if he feared disturbing her peace. The woman did not notice him at first, but when she finally looked up and met his gaze, there was a recognition between them, as if they had known each other in another time and place.

They did not speak much, but their words were like a melody carried by the wind and the waves. They shared stories of their lives, of loss and longing, of dreams that never came true. And even though they were strangers to each other, they felt a connection that was stronger than words could express.

As the sun finally disappeared behind the horizon, Jacob stood up and offered the woman his hand. Together they walked along the beach, their footsteps leaving deep tracks in the sand, like a sign of the time they had shared together.

When they returned to where they started, they stopped and looked out over the calm sea. A sense of peace and contentment filled their hearts, as if they had found something they had been searching for without knowing it.

The woman turned to Jacob and smiled, a smile that reached her eyes and illuminated her face like a star in the dark sky. And even though Jacob knew that this moment was only brief, it would always live on in his mind as a memory of the beauty that could be found by the sea, and the connection that could be created between two strangers' souls.

Midnatens Melodi

I hjertet af en storby, hvor neonlys kastede lange skygger på de forblæste gader, levede en ung kvinde ved navn Line. Hun var en drømmer, en sjæl fanget mellem virkelighedens barske lys og nattens fortryllende mørke. Line tilbragte sine nætter på kanten af byen, hvor lyden af trafik og suset fra floden blev en slags symfoni i hendes ører.

En aften, da uret slog midnat og byen sov i dyb søvn, begav Line sig ud på sin sædvanlige vandring gennem gaderne. Hun havde en følelse af uro i sit bryst, som om hun ventede på noget, hun ikke kunne sætte ord på. Hun fulgte mørkets stier, guidet af månens blege lys og stjernernes skælvende glans.

Pludselig hørte Line en lyd, en blid sang, der kaldte på hende fra det fjerne. Det lød som om natten selv hviskede til hende, som om den havde en hemmelighed, den ville dele med hende alene. Line fulgte sangen gennem smalle gyder og forladte pladser, indtil hun stod foran en gammel teaterbygning, hvis facade bar spor af tidens tand.

Med hjertet dunkende af forventning skubbede Line forsigtigt teaterets dør op og trådte ind i det dunkle rum. Inde i teatret blev hun mødt af et syn så fortryllende, at det tog hendes ånde væk. Scenen var oplyst af et svagt lys, der kastede skygger på de gamle sæder og den røde velour, der klædte væggene.

På scenen stod en enlig figur, en ung mand iført en slidt skjorte og mørke bukser. Hans øjne var som stjerner i nattens dyb, og hans stemme klang som en fjern klokkeklang, der vækkede sjælen til live. Han sang en melodi så smuk, at det føltes som om hjertet ville briste af ren lykke.

Line sank ned på en af sæderne og lod sig fortabe i musikkens strøm. Hun vidste ikke, hvem denne mand var, eller hvorfor han sang til hende alene, men alligevel kunne hun ikke løsrive sig fra hans fortryllende tilstedeværelse. Hans sang talte til hendes sjæl på en måde, som intet ord nogensinde kunne.

Da manden havde sunget den sidste tone og ladet stilheden falde som et let slør over rummet, vendte han sig langsomt mod Line. Deres blikke mødtes i midten af det dunkle teaterrum, og Line følte, at tiden stod stille omkring dem. I det øjeblik var de to sjæle forenet af musikkens kraft, af nattens magi.

Manden trådte ned fra scenen og gik hen mod Line med lange, sikre skridt. Han tog hendes hånd i sin og løftede den op til sine læber, hvor han trykkede et let kys på hendes hud. "Du fandt mig," hviskede han, hans stemme en fjern ekko af nattens sus. "Jeg har ventet på dig."

Line vidste ikke, hvad hun skulle sige. Ordene undslap hende som stjerneskud på en klar nattehimmel. Hun lod bare manden føre hende ud i den kølige midnatsluft, hvor de begav sig ud i natten sammen, hånd i hånd, sjæl i sjæl.

For i det magiske øjeblik, hvor natten og musikken smeltede sammen som ét, fandt Line og manden hinanden på ny, forenet af en kærlighed, der var skabt af midnattens melodi.

Midnight Melody

In the heart of a metropolis, where neon lights cast long shadows on the wind-swept streets, lived a young woman named Line. She was a dreamer, a soul caught between the harsh light of reality and the enchanting darkness of night. Line spent her nights on the edge of the city, where the sound of traffic and the murmur of the river became a kind of symphony to her ears.

One evening, as the clock struck midnight and the city slept soundly, Line set out on her usual stroll through the streets. She felt a sense of restlessness in her chest, as if she were waiting for something she couldn't quite put into words. She followed the paths of darkness, guided by the pale light of the moon and the shimmering glow of the stars.

Suddenly, Line heard a sound, a gentle song calling out to her from afar. It sounded as if the night itself were whispering to her, as if it held a secret meant for her alone. Line followed the song through narrow alleys and deserted squares until she stood before an old theater building, its facade bearing the marks of time.

With her heart pounding with anticipation, Line gently pushed open the theater door and stepped into the dimly lit room. Inside the theater, she was met with a sight so enchanting that it took her breath away. The stage was illuminated by a faint light, casting shadows on the old seats and the red velvet that adorned the walls.

On the stage stood a lone figure, a young man dressed in a worn shirt and dark trousers. His eyes were like stars in the depths of night, and his voice echoed like a distant bell, awakening the soul to life. He sang a melody so beautiful that it felt as if her heart would burst with pure happiness.

Line sank into one of the seats and let herself be lost in the flow of music. She did not know who this man was or why he sang to her alone, but still, she could not tear herself away from his enchanting presence. His song spoke to her soul in a way that no words ever could.

As the man sang the final note and let silence fall like a soft veil over the room, he slowly turned toward Line. Their eyes met in the middle of the dim theater, and Line felt as if time stood still around them. In that moment, the two souls were united by the power of music, by the magic of the night.

The man stepped down from the stage and approached Line with long, confident strides. He took her hand in his and lifted it to his lips, where he pressed a gentle kiss to her skin. "You found me," he whispered, his voice a distant echo of the night's whisper. "I've been waiting for you."

Line didn't know what to say. Words escaped her like shooting stars on a clear night sky. She simply let the man lead her out into the cool midnight air, where they ventured out into the night together, hand in hand, soul in soul.

For in that magical moment, where night and music merged as one, Line and the man found each other anew, united by a love created by the midnight melody.

På Vej til Stranden

Det var en varm sommerdag, da familien Jensen besluttede sig for at tage på udflugt til stranden. Solen skinnede klart på himlen, og luften var fyldt med duften af saltvand og solcreme. Børnene, Marie og Peter, kunne næsten ikke vente med at få sand mellem tæerne og plaske i det kølige havvand.

Faderen, Henrik, pakkede bilen med strandtasker, solhatte og en køletaske fyldt med lækre sandwich og kolde drikkevarer. Moderen, Louise, gik rundt og tjekkede, om alle havde solcreme på og badetøjet med. De to hunde, Buster og Bella, dansede omkring dem med logrende haler, ivrige efter at komme afsted på eventyr.

Da alt var klar, satte familien sig ind i bilen og begav sig mod stranden. Vejen sneglede sig gennem grønne marker og små landsbyer, indtil de endelig nåede kysten. Der lå stranden foran dem som et blåt tæppe, kysset af solen og bølgeskvulpets sang.

Da de parkerede bilen, sprang børnene ud og løb ned mod vandkanten med hundene i hælene. Henrik og Louise fulgte efter med strandtaskerne og resten af udstyret. De fandt en dejlig plet under en parasol og bredte håndklæderne ud på sandet.

Snart var hele familien i gang med at bygge sandslotte, samle skaller og plaske i vandkanten. Marie og Peter løb frem og tilbage mellem stranden og vandet, mens Buster og Bella legede ivrigt i sandet. Henrik og Louise slappede af på deres håndklæder og nød synet af deres børn, der legede lykkeligt under den varme sol.

Efter et par timer begyndte sulten at melde sig, og familien samledes omkring køletasken for at nyde deres frokost. De spiste lækre sandwich og drak kolde sodavand, mens de lyttede til lyden af bølgerne, der rullede ind mod kysten. Det var et øjeblik af fuldkommen lykke, hvor tiden syntes at stå stille, og alt var perfekt.

Efter frokosten besluttede familien sig for at tage en tur langs stranden. De gik hånd i hånd, mens de nød det varme sand mellem tæerne og det kølige vand, der skvulpede om deres fødder. De samlede skaller og sten langs vandkanten og kastede småsten ud i havet, mens mågerne kredsede omkring dem med nysgerrige blikke.

Da eftermiddagen skred frem, begyndte solen at synke mod horisonten, og familien besluttede sig for at pakke sammen og vende tilbage til bilen. De rystede sandet af deres håndklæder og foldede dem sammen med et tilfreds smil. Det havde været en fantastisk dag på stranden, fyldt med sjov, latter og kærlighed.

På vejen hjem snakkede familien om alle de sjove oplevelser, de havde haft, og planlagde allerede deres næste udflugt til stranden. Solen var ved at gå ned bag horisonten, men deres hjerter var stadig varme af minderne om den perfekte dag sammen ved havet.

On Our Way to the Beach

It was a warm summer day when the Jensen family decided to go on a trip to the beach. The sun was shining brightly in the sky, and the air was filled with the scent of saltwater and sunscreen. The children, Marie and Peter, could hardly wait to feel the sand between their toes and splash in the cool seawater.

Father, Henrik, packed the car with beach bags, sun hats, and a cooler filled with delicious sandwiches and cold drinks. Mother, Louise, went around checking if everyone had sunscreen on and their bathing suits with them. The two dogs, Buster and Bella, danced around them with wagging tails, eager to embark on an adventure.

When everything was ready, the family got into the car and set off for the beach. The road wound through green fields and small villages until they finally reached the coast. The beach lay before them like a blue carpet, kissed by the sun and the song of the waves.

As they parked the car, the children jumped out and ran towards the shoreline with the dogs following closely behind. Henrik and Louise followed with the beach bags and the rest of the gear. They found a nice spot under an umbrella and spread out their towels on the sand.

Soon the whole family was busy building sandcastles, collecting seashells, and splashing in the shallows. Marie and Peter ran back and forth between the beach and the water, while Buster and Bella played eagerly in the sand. Henrik and Louise relaxed on their towels and enjoyed the sight of their children playing happily under the warm sun.

After a couple of hours, hunger began to strike, and the family gathered around the cooler to enjoy their lunch. They ate delicious sandwiches and drank cold sodas while listening to the sound of the waves rolling in. It was a moment of pure happiness, where time seemed to stand still, and everything was perfect.

After lunch, the family decided to take a walk along the beach. They walked hand in hand, enjoying the warm sand between their toes and the cool water lapping at their feet. They collected seashells and stones along the shoreline and skipped stones into the sea while seagulls circled above them with curious eyes.

As the afternoon progressed, the sun began to sink towards the horizon, and the family decided to pack up and head back to the car. They shook the sand off their towels and folded them up with a contented smile. It had been a fantastic day at the beach, filled with fun, laughter, and love.

On the way home, the family talked about all the fun experiences they had and already planned their next trip to the beach. The sun was setting behind the horizon, but their hearts were still warm with memories of the perfect day together by the sea.

Den Mystiske Slikbutik

I den lille landsby Grønby lå en mystisk slikbutik ved navn "Sukkertryl". Butikken blev drevet af en excentrisk herre ved navn Hr. Godbold, hvis skæve smil og glitrende øjne fangede folks opmærksomhed, når de passerede forbi. Men det var ikke kun Hr. Godbolds udseende, der gjorde slikbutikken speciel. Nej, det var de magiske søde sager, han solgte.

En dag kom en ung kvinde ved navn Sofie ind i "Sukkertryl". Hun var på udkig efter en særlig gave til sin bedste venindes fødselsdag og havde hørt rygterne om Hr. Godbolds evner til at fortrylle sine kunder med de mest fantastiske slikkreationer. Sofie trådte ind i butikken med et glimt af forventning i sit øje og håbet om at finde den perfekte gave.

Hr. Godbold stod bag disken og studerede Sofie med et smil på læben. "Velkommen til Sukkertryl, unge dame," sagde han med en stemme, der var fyldt med løfter om søde eventyr. "Hvordan kan jeg hjælpe dig i dag?"

Sofie fortalte Hr. Godbold om sin bedste venindes fødselsdag og hendes ønske om at finde en særlig slikgave til hende. Hun beskrev sin veninde som en kvinde, der elskede eventyr og magi, og som altid havde en sød tand.

Hr. Godbold nikkede og gik til en hylde bag disken, hvor han fandt en æske med et blankt, indbydende design. Han åbnede æsken og afslørede de mest fortryllende slikstykker, Sofie nogensinde havde set. "Disse slikstykker," sagde han, "er ikke som de andre. De indeholder magi, eventyr og alt, hvad din veninde drømmer om."

Sofie så på slikstykkerne med forundring i sine øjne. Hun kunne mærke, hvordan de udsendte en svag aura af mystik og løfter om søde eventyr. Hun takkede Hr. Godbold og købte æsken med et hjerte fyldt af håb og spænding.

Da Sofie kom hjem, gav hun æsken med de magiske slikstykker til sin bedste veninde som fødselsdagsgave. Veninden åbnede æsken med glitrende øjne og begyndte straks at smage på de fortryllende sager. Men det var ikke bare almindelige slikstykker. Nej, de var magiske og fyldt med overraskelser.

Mens veninden smagte på slikstykkerne, blev hun fortryllet af deres smag og konsistens. Hver bid åbnede op for nye smagsoplevelser og søde overraskelser, og hun kunne ikke få nok af de magiske søde sager. Hun takkede Sofie igen og igen for den mest fantastiske gave, hun nogensinde havde fået.

Således endte historien om Den Mystiske Slikbutik i Grønby, hvor slik ikke kun var slik, men søde portaler til fantastiske smagsoplevelser og uendelige eventyr. Og selvom Hr. Godbold forblev en gåde, var hans slikbutik et sted, hvor drømme blev til virkelighed og sød magi var lige ved hånden.

The Mysterious Candy Shop

In the small village of Grønby, there was a mysterious candy shop called "Sugarcharm." The shop was run by an eccentric gentleman named Mr. Godbold, whose crooked smile and sparkling eyes always caught the attention of passersby. But it wasn't just Mr. Godbold's appearance that made the candy shop special. No, it was the magical sweets he sold.

One day, a young woman named Sofie walked into "Sugarcharm." She was looking for a special gift for her best friend's birthday and had heard rumors of Mr. Godbold's abilities to enchant his customers with the most fantastic candy creations. Sofie entered the shop with a glint of anticipation in her eye and the hope of finding the perfect gift.

Mr. Godbold stood behind the counter, studying Sofie with a smile on his lips. "Welcome to Sugarcharm, young lady," he said, his voice filled with promises of sweet adventures. "How can I help you today?"

Sofie told Mr. Godbold about her best friend's birthday and her wish to find a special candy gift for her. She described her friend as a woman who loved adventure and magic, and who always had a sweet tooth.

Mr. Godbold nodded and went to a shelf behind the counter, where he found a box with a shiny, inviting design. He opened the box and revealed the most enchanting candy pieces Sofie had ever seen. "These candy pieces," he said, "are not like the others. They contain magic, adventure, and everything your friend dreams of."

Sofie looked at the candy pieces with wonder in her eyes. She could feel how they emitted a faint aura of mystique and promises of sweet adventures. She thanked Mr. Godbold and bought the box with a heart filled with hope and excitement.

When Sofie returned home, she gave the box of magical candy pieces to her best friend as a birthday gift. Her friend opened the box with sparkling eyes and immediately began to taste the enchanting treats. But they weren't just ordinary candy pieces. No, they were magical and filled with surprises.

As her friend tasted the candy pieces, she was enchanted by their taste and texture. Each bite revealed new flavor experiences and sweet surprises, and she couldn't get enough of the magical sweets. She thanked Sofie again and again for the most wonderful gift she had ever received. Thus ended the story of The Mysterious Candy Shop in Grønby, where candy wasn't just candy, but sweet portals to fantastic flavor experiences and endless adventures. And although Mr. Godbold remained a mystery, his candy shop was a place where dreams came true and sweet magic was at hand.

Mysteriet på Strandvejen

Det var en kølig efterårsdag på Strandvejen, hvor tågen lå tæt og dækkede alt i et tæppe af mystik. Ensomme gadelamper kastede svage lysstråler ned på den våde asfalt, og lyden af bølgerne, der brød mod kysten, var den eneste lyd i den ellers stille by.

Kriminalkommissær Larsen stod ved det lille skur ved vejkanten og betragtede det triste syn foran sig. En gammel bil stod parkeret ved siden af vejen, dens lygter slukket og dækkene flade. Ved siden af bilen lå en mand på jorden, livløs og stille.

Larsen sukkede dybt og trak sin frakke tættere omkring sig for at holde varmen. Han vidste, at det ikke ville blive let at opklare dette mysterium, men det var hans pligt som kriminalkommissær at finde sandheden, uanset hvor vanskelig den var at nå.

Han bøjede sig ned ved siden af den døde mand og undersøgte ham nøje. Han fandt ingen synlige skader eller tegn på kamp, men hans instinkter fortalte ham, at der var mere ved denne sag, end hvad der mødte øjet.

Pludselig hørte Larsen lyden af skridt bag sig, og han vendte sig om for at se en kvinde nærme sig. Hun var klædt i en lang frakke og bar en urolig mine på sit ansigt. "Er alt i orden, kriminalkommissær?" spurgte hun med en rystende stemme.

Larsen nikkede kort og bad kvinden om at give ham plads til at arbejde. Han fortsatte med at undersøge den døde mands krop og fandt snart en pung i hans lomme. Han åbnede den og fandt identifikationspapirer, der bekræftede mandens identitet som Johan Petersen, en lokal forretningsmand.

Dette gav Larsen noget at arbejde med. Han vidste, at han skulle tale med Petersens familie og kolleger for at få mere at vide om ham og hans liv. Han rejste sig op og bad en af sine betjente om at tage sig af den døde mands krop, mens han selv gik tilbage til politistationen for at begynde efterforskningen.

På politistationen gennemgik Larsen Petersens sagsmapper og fandt ud af, at han var en velkendt forretningsmand med et ry for at være hård og ligefrem i sin tilgang til forretninger. Han havde mange fjender og konkurrenter, men ingen åbenlyse motiver for at ønske ham død.

Larsen besluttede sig for at starte med Petersens familie og kolleger. Han besøgte hans kone, der boede i en elegant villa på den anden side af byen. Hun var tydeligvis chokeret over nyheden om sin mands død, men Larsen kunne ikke lade være med at bemærke hendes koldt reserverede opførsel.

Han talte også med Petersens kolleger og konkurrenter, men ingen af dem syntes at have noget afgørende at bidrage med til efterforskningen. Larsen følte sig frustreret og forvirret. Han vidste, at tiden var ved at løbe ud, og at han var nødt til at finde svar hurtigt.

En aften, mens han sad alene på politistationen og gennemgik sagens oplysninger, kom en pludselig tanke til ham. Han huskede en samtale, han havde haft med Petersens kone, hvor hun havde nævnt noget om en forretningsaftale, som hendes mand havde arbejdet på.

Larsen besluttede sig for at undersøge dette nærmere og fandt hurtigt ud af, at der var mere ved denne forretningsaftale, end hvad der mødte øjet. Petersen havde været involveret i en kompleks og potentielt farlig forretningstransaktion, der havde bragt ham i kontakt med nogle tvivlsomme karakterer.

Med denne nye opdagelse begyndte puslespillet at tage form for Larsen. Han indså, at Petersens død ikke var en tilfældighed, men snarere et resultat af hans involvering i skumle forretninger. Han arbejdede dag og nat for at samle beviser og opklare mysteriet, og til sidst lykkedes det ham at finde den sande morder og bringe ham for retten.

Mysteriet på Strandvejen blev løst, og Larsen kunne endelig lægge sagen bag sig. Men han vidste, at der altid ville være nye mysterier at opklare, og at hans job som kriminalkommissær aldrig ville være kedeligt eller forudsigeligt.

The Mystery on Beach Road

It was a cool autumn day on Beach Road, where the fog lay thick and covered everything in a blanket of mystery. Lonely street lamps cast faint rays of light onto the wet asphalt, and the sound of waves breaking against the coast was the only sound in the otherwise quiet town.

Detective Larsen stood at the small shed by the roadside, surveying the sad sight before him. An old car was parked beside the road, its lights off and its tires flat. Next to the car lay a man on the ground, lifeless and still. Larsen sighed deeply and pulled his coat closer around him to keep warm. He knew it wouldn't be easy to solve this mystery, but it was his duty as a detective to find the truth, no matter how difficult it was to reach.

He bent down beside the dead man and examined him carefully. He found no visible injuries or signs of struggle, but his instincts told him that there was more to this case than met the eye.

Suddenly, Larsen heard the sound of footsteps behind him, and he turned to see a woman approaching. She was dressed in a long coat and wore a worried expression on her face. "Is everything all right, detective?" she asked in a trembling voice.

Larsen nodded briefly and asked the woman to give him space to work. He continued to examine the dead man's body and soon found a wallet in his pocket. He opened it and found identification papers confirming the man's identity as Johan Petersen, a local businessman.

This gave Larsen something to work with. He knew he needed to talk to Petersen's family and colleagues to learn more about him and his life. He stood up and asked one of his officers to take care of the dead man's body, while he himself returned to the police station to begin the investigation. At the police station, Larsen went through Petersen's case files and found that he was a well-known businessman with a reputation for being tough and straightforward in his approach to business. He had many enemies and competitors, but no obvious motives for wanting him dead.

Larsen decided to start with Petersen's family and colleagues. He visited his wife, who lived in an elegant villa on the other side of town. She was clearly shocked by the news of her husband's death, but Larsen couldn't help but notice her cold and reserved demeanor.

He also spoke with Petersen's colleagues and competitors, but none of them seemed to have anything crucial to contribute to the investigation. Larsen felt frustrated and confused. He knew time was running out, and he had to find answers quickly.

One evening, while he was alone at the police station going through the case's information, a sudden thought occurred to him. He remembered a conversation he had had with Petersen's wife, where she had mentioned something about a business deal her husband had been working on.

Larsen decided to investigate further and quickly found out that there was more to this business deal than met the eye. Petersen had been involved in a complex and potentially dangerous business transaction that had brought him into contact with some dubious characters.

With this new discovery, the puzzle began to take shape for Larsen. He realized that Petersen's death was not a coincidence, but rather a result of his involvement in shady business dealings. He worked day and night to gather evidence and solve the mystery, and eventually, he succeeded in finding the true murderer and bringing him to justice.

The Mystery on Beach Road was solved, and Larsen could finally put the case behind him. But he knew there would always be new mysteries to solve, and that his job as a detective would never be boring or predictable.

I den smukke, velholdte park midt i byen, hvor træernes grønne blade dansede i vinden og blomsterne udsendte en sød duft, mødtes to mennesker, hvis veje ellers aldrig ville have krydset hinanden.

Den første var en ung kvinde ved navn Emma. Hun var en travl advokat med et hektisk liv, der altid syntes at være fyldt med deadlines og møder. Selvom hun elskede sit arbejde, følte hun sig undertiden fanget i en endeløs strøm af ansvar og forpligtelser.

Den anden var en ældre mand ved navn Jens. Han var en pensioneret bibliotekar, der havde brugt sit liv på at dele sin kærlighed til bøger med andre. Nu, i sine ældre år, nød han roen og skønheden i parken, hvor han ofte tilbragte sine eftermiddage med at læse og reflektere.

En tilfældig aften krydsede Emma og Jens' veje i parken. Emma sad på en bænk, stirrende ud i det fjerne med et bekymret udtryk på hendes ansigt. Jens bemærkede hende straks og kunne ikke lade være med at føle medlidenhed med hende. Han besluttede sig for at gå hen til hende og se, om han kunne hjælpe.

"Er du okay?" spurgte Jens med en mild stemme og satte sig ved siden af hende på bænken.

Emma så overrasket op og mødte hans venlige øjne. "Ja, jeg tror det," svarede hun tøvende. "Bare en lang dag på arbejdet, tror jeg."

Jens nikkede forstående og begyndte at tale med hende om alt og intet. Han fortalte hende om parkens historie og skønhed, om livets små glæder og vigtigheden af at tage sig tid til at nyde dem. Hans ord beroligede Emma, og hun følte sig gradvist mere afslappet og til stede i øjeblikket.

Som timen gik, fandt Emma og Jens en særlig forbindelse, der var dybere end bare tilfældige bekendtskaber i en park. De delte deres tanker, drømme og bekymringer og opdagede, at de havde meget til fælles, på trods af deres forskellige livsstadier og baggrunde.

Da aftenen faldt på, og månen steg op over parken, indså Emma og Jens, at de begge havde fået noget værdifuldt ud af deres tilfældige møde. Emma havde fået en påmindelse om at sætte pris på livets enkle glæder og tage sig tid til at nyde dem, mens Jens havde fået en mulighed for at dele sin visdom og erfaring med en ung sjæl.

An Evening in the Park

In the beautiful, well-kept park in the middle of the city, where the green leaves of the trees danced in the wind and the flowers emitted a sweet scent, two people met whose paths would otherwise never have crossed.

The first was a young woman named Emma. She was a busy lawyer with a hectic life that always seemed to be filled with deadlines and meetings. Although she loved her work, she sometimes felt trapped in an endless stream of responsibilities and obligations.

The other was an elderly man named Jens. He was a retired librarian who had spent his life sharing his love of books with others. Now, in his old age, he enjoyed the tranquility and beauty of the park, where he often spent his afternoons reading and reflecting.

One random evening, Emma and Jens' paths crossed in the park. Emma sat on a bench, staring into the distance with a worried expression on her face. Jens noticed her immediately and couldn't help but feel compassion for her. He decided to approach her and see if he could help.

"Are you okay?" Jens asked in a gentle voice, sitting down next to her on the bench.

Emma looked up surprised and met his friendly eyes. "Yes, I think so," she replied hesitantly. "Just a long day at work, I suppose."

Jens nodded understandingly and began to talk to her about everything and nothing. He told her about the history and beauty of the park, about life's simple joys, and the importance of taking time to enjoy them. His words calmed Emma, and she gradually felt more relaxed and present in the moment.

As the hour passed, Emma and Jens found a special connection that was deeper than just random acquaintances in a park. They shared their thoughts, dreams, and worries and discovered that they had much in common, despite their different stages of life and backgrounds.

As the evening fell and the moon rose over the park, Emma and Jens realized that they had both gained something valuable from their chance encounter. Emma had received a reminder to appreciate life's simple pleasures and take the time to enjoy them, while Jens had been given an opportunity to share his wisdom and experience with a young soul.

Den Mystiske Rejsende

I en lille landsby ved foden af bjergene boede en ung mand ved navn Henrik. Han var en simpel mand, der arbejdede hårdt på marken for at brødføde sin familie. Men under overfladen af hans daglige rutiner lå der en længsel efter noget mere, noget ukendt og magisk.

En dag kom der en fremmed til landsbyen. Han var en ældre mand med et dybt blik og en dragende aura af mystik. Landsbyboerne talte i hemmelighed om den mystiske rejsende og spekulerede på, hvad hans ærinde kunne være.

Henrik blev draget af den fremmede og besluttede sig for at opsøge ham og høre mere om hans eventyrlige liv. Han fandt den fremmede mand siddende under et træ ved landsbyens udkant og satte sig ved hans side.

"Fortæl mig om dine rejser," bad Henrik nysgerrigt og så indtrængende på den fremmede.

Den mystiske rejsende smilte og begyndte at fortælle. Han talte om fjerne lande og eksotiske kulturer, om møder med vismænd og lærdomme fra det ukendte. Hans historier vækkede en længsel i Henriks sjæl, en længsel efter eventyr og selvopdagelse.

Efter mødet med den mystiske rejsende kunne Henrik ikke slippe tanken om de eventyr, der lå og ventede på ham uden for landsbyens grænser. Han begyndte at drømme om fjerne horisonter og ukendte veje og følte en uimodståelig trang til at tage af sted og udforske verden.

En nat, mens landsbyen sov, listede Henrik sig ud af sit hjem og begav sig ud på sin egen rejse. Han vidste ikke, hvad der ventede ham derude, men han følte sig levende som aldrig før, fyldt med en følelse af håb og eventyrlyst.

Henrik vandrede gennem skove og over bjerge, med stjernerne som sit eneste selskab. Han mødte mennesker fra forskellige kulturer og baggrunde, og han lærte at se verden med nye øjne og et åbent sind.

Efter mange dages rejse nåede Henrik frem til en smuk dal, hvor en lille landsby lå skjult blandt bakkerne. Landsbyen var fredfyldt og malerisk, med farverige huse og venlige beboere, der bød ham velkommen med åbne arme.

Henrik fandt ly i en beskeden kro og begyndte at udforske landsbyen og dens omgivelser. Han fandt arbejde hos en lokal bonde og brugte sine dage på at hjælpe med markarbejde og høst.

Men selvom Henrik havde fundet en vis form for ro og tilfredshed i landsbyen, kunne han ikke lade være med at føle en længsel efter det ukendte og det eventyrlige. Han vidste, at hans rejse ikke var slut, og at der stadig var mange horisonter at udforske og mange hemmeligheder at afsløre.

En dag, da solen skinnede lystigt på himlen, besluttede Henrik sig for at fortsætte sin rejse og udforske verden uden grænser eller begrænsninger. Han sagde farvel til landsbyen og dens venlige beboere og begav sig ud på vejen igen, klar til at følge sit hjerte og forfølge sine drømme.

The Mysterious Traveler

In a small village at the foot of the mountains lived a young man named Henrik. He was a simple man who worked hard in the fields to feed his family. But beneath the surface of his daily routines lay a longing for something more, something unknown and magical.

One day, a stranger came to the village. He was an older man with a deep gaze and a compelling aura of mystique. The villagers spoke in secret about the mysterious traveler, wondering what his purpose could be.

Henrik was drawn to the stranger and decided to seek him out and hear more about his adventurous life. He found the stranger sitting under a tree at the edge of the village and sat down beside him.

"Tell me about your travels," Henrik asked curiously, gazing intently at the stranger.

The mysterious traveler smiled and began to tell his tale. He spoke of distant lands and exotic cultures, of encounters with wise men and teachings from the unknown. His stories awakened a longing in Henrik's soul, a longing for adventure and self-discovery.

After meeting the mysterious traveler, Henrik could not shake the thought of the adventures that awaited him beyond the village's borders. He began to dream of distant horizons and unknown paths, feeling an irresistible urge to set out and explore the world.

One night, while the village slept, Henrik slipped out of his home and embarked on his own journey. He did not know what awaited him out there, but he felt alive like never before, filled with a sense of hope and adventure.

Henrik wandered through forests and over mountains, with the stars as his only companions. He met people from different cultures and backgrounds, and he learned to see the world with new eyes and an open mind.

After many days of travel, Henrik arrived at a beautiful valley where a small village lay hidden among the hills. The village was peaceful and picturesque, with colorful houses and friendly residents who welcomed him with open arms.

Henrik found shelter in a modest inn and began to explore the village and its surroundings. He found work with a local farmer and spent his days helping with farm work and harvest.

But even though Henrik had found a certain sense of peace and contentment in the village, he could not help but feel a longing for the unknown and the adventurous. He knew that his journey was not over, and that there were still many horizons to explore and many secrets to uncover.

One day, as the sun shone brightly in the sky, Henrik decided to continue his journey and explore the world without limits or boundaries. He said goodbye to the village and its friendly residents and set out on the road again, ready to follow his heart and pursue his dreams.

Det var en kølig efterårsmorgen, hvor tågen lå tungt over markerne og solen kæmpede for at bryde igennem det gråslørede himmelhvælv. I den lille landsby Østergaard boede en mand ved navn Henrik. Han var en enkemand, hvis hjerte stadig bar ar efter tabet af sin elskede hustru, Anna.

Henrik boede alene i det gamle bindingsværkshus, omgivet af høje træer og dybe skovstier. Hans dage blev brugt på at passe markerne og mindes de lykkelige år, han havde delt med Anna.

En dag, mens Henrik arbejdede i marken, hørte han en lyd i det fjerne. Det var en melodi, der blev båret af vinden, og den vækkede minder fra de dage, hvor han og Anna havde danset sammen under stjernerne.

Som om han blev ført af en usynlig kraft, begav Henrik sig ud på en rejse gennem sin fortid. Han mindedes de lange sommeraftener, hvor de havde siddet hånd i hånd og set solen gå ned bag horisonten, og de kølige efterårsmorgener, hvor de havde gået tur hånd i hånd gennem skoven.

I det fjerne kunne han se en skikkelse, der bevægede sig mellem træerne. Henrik nærmede sig langsomt, som om han ikke ønskede at forstyrre skovens fred.

Skikkelsen var en ung kvinde med langt, mørkt hår og øjne så dybe som havet. Hendes navn var Astrid, og hun var en vandrer på jagt efter det ukendte. Hun var kommet til landsbyen på udkig efter svar på spørgsmål, hun ikke vidste, hun havde.

Henrik og Astrid delte historier om deres liv og tab, om kærligheden, der var gået tabt, og drømmene, der var blevet glemt. De var forbundet på en måde, der oversteg tid og sted, som om de var to sjæle, der havde fundet hinanden i det fortabte hjørne af verden.

Da solen begyndte at gå ned bag horisonten, standsede musikken, og Henrik så sig omkring. Han var tilbage på sin gård, solen svajede lavt på himlen, men alt føltes anderledes nu. Som om en byrde var blevet løftet fra hans skuldre, og han kunne se verden med nye øjne.

Astrid var væk, men hendes tilstedeværelse hang stadig i luften, som en sky af muligheder og håb.

It was a cool autumn morning, where the fog lay heavily over the fields and the sun struggled to break through the gray veil in the sky. In the small village of Østergaard lived a man named Henrik. He was a widower, whose heart still bore scars from the loss of his beloved wife, Anna.

Henrik lived alone in the old timber-framed house, surrounded by tall trees and deep forest paths. His days were spent tending to the fields and reminiscing about the happy years he had shared with Anna.

One day, while Henrik was working in the field, he heard a sound in the distance. It was a melody carried by the wind, and it stirred memories from the days when he and Anna had danced together under the stars.

As if guided by an invisible force, Henrik embarked on a journey through his past. He remembered the long summer evenings when they had sat hand in hand watching the sun set behind the horizon, and the cool autumn mornings when they had walked hand in hand through the forest.

In the distance, he could see a figure moving among the trees. Henrik approached slowly, as if he didn't want to disturb the peace of the forest. The figure was a young woman with long, dark hair and eyes as deep as the sea. Her name was Astrid, and she was a wanderer in search of the unknown. She had come to the village in search of answers to questions she didn't know she had.

Henrik and Astrid shared stories of their lives and losses, of the love that had been lost, and the dreams that had been forgotten. They were connected in a way that transcended time and place, as if they were two souls who had found each other in the lost corner of the world.

As the sun began to set behind the horizon, the music stopped, and Henrik looked around. He was back on his farm, the sun dipping low in the sky, but everything felt different now. As if a burden had been lifted from his shoulders, and he could see the world with new eyes.

Astrid was gone, but her presence still hung in the air, like a cloud of possibilities and hope.

Hvem Vidste?

Det var en kølig efterårsaften, og gaderne var dækket af et tyndt lag gyldne blade, der dansede i vinden. I en lille café på hjørnet af en brostensbelagt gade sad en kvinde ved navn Mia. Hun var en almindelig kvinde i trediverne med en stille charme og en rolig udstråling.

Mia havde altid været en drømmer. Hun brugte sine dage på at læse bøger, male landskaber og skrive i sin dagbog. Hun havde en forkærlighed for det skrevne ord og fandt trøst og glæde i kunstens verden.

Denne aften sad Mia ved et lille bord i caféen med en dampende kop te foran sig. Hun havde en bog i hånden og dykkede dybt ned i dens sider, fordybet i historiens verden. Men midt i sin læsning blev hun pludselig afbrudt af en stemme ved siden af sig.

"Hej, undskyld mig," sagde en mandlig stemme venligt. "Jeg kunne ikke lade være med at lægge mærke til, at du læser den bog. Er den god?"

Mia løftede blikket og så en mand sidde ved siden af hende. Han var klædt i en simpel trøje og et par slidte jeans, men hans øjne var venlige og hans smil ægte.

"Ja, den er faktisk ret god," svarede Mia med et smil. "Jeg kan virkelig godt lide forfatterens skrivestil."

Manden nikkede og smilede bredt. "Det er sjovt, for jeg arbejder faktisk som redaktør på forlaget, der udgiver den bog," afslørede han. "Hvem vidste, ikke?"

Mia blev overrasket over denne tilfældige opdagelse og begyndte at tale mere med manden. De delte deres kærlighed til litteratur og begyndte at diskutere deres yndlingsbøger og forfattere. Det var tydeligt, at de havde meget til fælles, og samtalen fløf naturligt mellem dem.

Efter et stykke tid rejste manden sig for at gå, men ikke før han havde givet Mia sit visitkort og inviteret hende til at besøge forlaget en dag. Mia tog imod kortet med taknemmelighed og følte sig inspireret af mødet med denne fremmede.

Da hun forlod caféen den aften, kunne Mia ikke lade være med at tænke på den tilfældige begivenhed, der havde ført hende sammen med manden fra forlaget. Hvem vidste, at en enkelt samtale i en café kunne føre til så meget?

Who Knew?

It was a cool autumn evening, and the streets were covered with a thin layer of golden leaves dancing in the wind. In a small café on the corner of a cobblestone street sat a woman named Mia. She was an ordinary woman in her thirties with a quiet charm and a calm demeanor.

Mia had always been a dreamer. She spent her days reading books, painting landscapes, and writing in her journal. She had a fondness for the written word and found comfort and joy in the world of art.

This evening, Mia sat at a small table in the café with a steaming cup of tea in front of her. She had a book in her hand and was deeply immersed in its pages, engrossed in the world of the story. But in the midst of her reading, she was suddenly interrupted by a voice next to her.

"Hi, excuse me," said a male voice kindly. "I couldn't help but notice that you're reading that book. Is it good?"

Mia looked up and saw a man sitting next to her. He was dressed in a simple sweater and a pair of worn jeans, but his eyes were kind and his smile genuine.

"Yes, it's actually quite good," Mia replied with a smile. "I really like the author's writing style."

The man nodded and smiled broadly. "That's funny, because I actually work as an editor at the publishing house that publishes that book," he revealed. "Who knew, right?"

Mia was surprised by this random discovery and began to talk more with the man. They shared their love of literature and began to discuss their favorite books and authors. It was clear that they had a lot in common, and the conversation flowed naturally between them.

After a while, the man got up to leave, but not before giving Mia his business card and inviting her to visit the publishing house someday. Mia accepted the card gratefully and felt inspired by her encounter with this stranger.

As she left the café that evening, Mia couldn't help but think about the random event that had brought her together with the man from the publishing house. Who knew that a single conversation in a café could lead to so much?

Vejen

Det var en kold og tåget morgen, da jeg forlod min lejlighed. Skyerne hang tunge over byen, og jeg kunne næsten mærke tågen trænge ind under min jakke, som en uvelkommen gæst. Jeg havde ikke sovet godt den nat; tankerne havde kredset omkring mig som sultne rovfugle, og søvnen havde undveget mig som en skygge i mørket.

Jeg trådte ud på gaden, hvor lyset var svagt og dæmpet. Mennesker bevægede sig i tavshed, som om de var bange for at forstyrre det skrøbelige equilibrium, der lå over byen. Jeg begav mig ned ad vejen, min vej, som om den havde kaldt på mig, som om den var min eneste mulighed for at finde svar på de spørgsmål, der havde hjemsøgt mig.

Vejen var min kompasnål, min guide gennem livets labyrint af valg og konsekvenser. Den strakte sig ud foran mig som et løfte om muligheder og farefulde eventyr. Jeg vidste ikke, hvor den førte mig hen, men jeg vidste, at jeg var nødt til at følge den, uanset hvor den førte mig hen.

Jeg fortsatte med faste skridt, mine tanker fortabt i en tåge af tvivl og håb. Hvad var meningen med det hele? Hvad var meningen med mit liv, hvis ikke at følge denne vej, som jeg var blevet kastet ud på? Spørgsmålene flakkede som flammer i mit sind, men jeg nægtede at lade dem slukke min ild.

Langsomt begyndte solen at bryde igennem tågen, kastende et blegligt lys over landskabet. Jeg løftede mit ansigt mod himlen og lod solens stråler varme min sjæl. På trods af alt følte jeg mig pludselig lettet, som om en byrde var blevet løftet fra mine skuldre.

Vejen førte mig ud af byen og ind i det åbne landskab. Marker strakte sig ud foran mig, grønne og frodige, som om de havde ventet på min ankomst. Jeg kunne høre lyden af fuglesang i det fjerne, en melodi af frihed og håb.

Jeg fortsatte med at gå, mine skridt blev lettere og mere sikre. Jeg vidste ikke, hvad der ventede mig for enden af vejen, men jeg var ikke længere bange for at finde ud af det. Jeg havde accepteret min skæbne, min rolle som vandringsmand på denne lange og uendelige vej.

Pludselig standsede jeg op, da jeg nåede vejs ende. Foran mig lå en gammel bænk, omgivet af træer og blomster. Det var som om vejen selv havde ført mig hertil, som om den havde kendt til dette sted hele tiden.

Jeg satte mig ned på bænken og lod mig synke ned i stilheden. Alt omkring mig var stille og fredfyldt, som om verden holdt vejret i spænding. Jeg lukkede øjnene og lod tankerne flyde frit, som skyer på en klar himmel.

Dette var vejs ende, men også begyndelsen på noget nyt. Jeg vidste ikke, hvad fremtiden ville bringe, men jeg var klar til at møde den med åbne arme. For jeg vidste, at dette var vejen - min vej - og jeg var endelig hjemme.

The Way

It was a cold and foggy morning when I left my apartment. The clouds hung heavy over the city, and I could almost feel the fog seeping under my jacket like an unwelcome guest. I hadn't slept well that night; thoughts had circled around me like hungry birds of prey, and sleep had eluded me like a shadow in the darkness.

I stepped out onto the street, where the light was faint and muted. People moved in silence, as if afraid to disturb the fragile equilibrium that hung over the city. I made my way down the road, my road, as if it had called out to me, as if it were my only chance to find answers to the questions that had haunted me.

The road was my compass, my guide through life's labyrinth of choices and consequences. It stretched out before me like a promise of possibilities and perilous adventures. I didn't know where it would lead me, but I knew I had to follow it, wherever it might take me.

I continued with steady steps, my thoughts lost in a fog of doubt and hope. What was the meaning of it all? What was the meaning of my life, if not to follow this road that I had been thrust upon? The questions flickered like flames in my mind, but I refused to let them extinguish my fire.

Slowly, the sun began to break through the fog, casting a pallid light over the landscape. I lifted my face to the sky and let the sun's rays warm my soul. Despite everything, I suddenly felt relieved, as if a burden had been lifted from my shoulders.

The road led me out of the city and into the open countryside. Fields stretched out before me, green and lush, as if they had been waiting for my arrival. I could hear the sound of birdsong in the distance, a melody of freedom and hope.

I continued to walk, my steps becoming lighter and more sure. I didn't know what awaited me at the end of the road, but I was no longer afraid to find out. I had accepted my fate, my role as a wanderer on this long and endless road.

Suddenly, I stopped as I reached the road's end. Before me lay an old bench, surrounded by trees and flowers. It was as if the road itself had led me here, as if it had known about this place all along.

I sat down on the bench and sank into the silence. Everything around me was quiet and peaceful, as if the world were holding its breath in anticipation. I closed my eyes and let my thoughts drift freely, like clouds in a clear sky.

This was the road's end, but also the beginning of something new. I didn't know what the future would bring, but I was ready to meet it with open arms. Because I knew that this was the way - my way - and I was finally home.

Løven og frøen

Engang for længe siden levede der en stolt løve i en dyb og mørk skov. Han var kongen af sit rige, og alle dyr frygtede og respekterede ham. Hans brøl kunne høres gennem skovens tætte træer, og hans tænder var skarpe som knive.

Men midt i skoven, i en lille dam, boede der også en frø. Hun var ikke stolt eller frygtindgydende som løven. Tværtimod var hun lille og ydmyg, og hendes kvæk var så svagt, at det næsten forsvandt i skovens susen.

Løven og frøen havde aldrig haft meget med hinanden at gøre. De tilhørte forskellige verdener, adskilt af størrelse og styrke. Men en dag, da solen skinnede klart over skoven, kom skæbnen til at føre dem sammen.

Løven var på jagt efter sit bytte, da han pludselig hørte en svag stemme kalde på hjælp. Han fulgte lyden og fandt frøen, fanget i en snare af sivene langs dammen. Hendes små ben var viklet ind, og hun kæmpede forgæves for at slippe fri.

Løven betragtede frøen med nysgerrighed. Han kunne nemt have ignoreret hende, ladet hende dø en stille død i sivet. Men noget inde i ham rørte sig, noget han ikke havde følt i lang tid. Det var med en blanding af forundring og medfølelse, at han bøjede sig ned og hjalp frøen med at befri sig.

Frøen hoppede ud af snaren med et lettelsens suk og kiggede op på løven med taknemmelige øjne. Løven nikkede blot og vendte sig om for at fortsætte sin jagt. Men da han nåede skovens kant, stoppede han pludselig op og vendte sig tilbage mod frøen.

"Du skylder mig intet," sagde han med en stemme, der var fyldt med mildhed. "Men jeg håber, at denne dag vil minde dig om, at styrke ikke altid ligger i størrelse, og at venlighed kan findes i selv de mest uventede steder."

Frøen nikkede og kvækkede svagt som svar.

Fra den dag af blev løven og frøen venner. De lærte hinanden at kende på en måde, de aldrig havde troet var mulig. Skoven var stadig fyldt med fare og udfordringer, men løven og frøen vidste, at de aldrig ville stå alene.

The Lion and the Frog

Once upon a time, in a deep and dark forest, there lived a proud lion. He was the king of his realm, and all the animals feared and respected him. His roar could be heard through the dense trees, and his teeth were sharp as knives.

But in the midst of the forest, in a small pond, there also lived a frog. She was not proud or intimidating like the lion. On the contrary, she was small and humble, and her croak was so faint that it almost disappeared in the whisper of the forest.

The lion and the frog had never had much to do with each other. They belonged to different worlds, separated by size and strength. But one day, when the sun shone brightly over the forest, fate brought them together. The lion was hunting for his prey when he suddenly heard a weak voice calling for help. He followed the sound and found the frog, caught in a snare of reeds along the pond. Her small legs were entangled, and she struggled futilely to free herself.

The lion regarded the frog with curiosity. He could have easily ignored her, let her die a quiet death in the reeds. But something stirred inside him, something he hadn't felt in a long time. It was with a mixture of wonder and compassion that he bent down and helped the frog free herself.

The frog hopped out of the snare with a sigh of relief and looked up at the lion with grateful eyes. The lion simply nodded and turned to continue his hunt. But when he reached the edge of the forest, he suddenly stopped and turned back to the frog.

"You owe me nothing," he said, his voice filled with gentleness. "But I hope that this day will remind you that strength does not always lie in size, and that kindness can be found in even the most unexpected places." The frog nodded and croaked softly in response.

From that day on, the lion and the frog became friends. They got to know each other in a way they had never thought possible. The forest was still filled with danger and challenges, but the lion and the frog knew that they would never stand alone.

En Aften Ved Floden

Ved bredden af en stille flod, hvor vandet løber klart og roligt mellem sivene, lå en lille landsby gemt væk fra verden. Dette var et sted, hvor tiden syntes at bevæge sig langsomt, hvor hverdagen blev fyldt med enkle glæder og små mirakler.

En aften, da solen var ved at synke ned bag horisonten og male himlen i et kalejdoskop af farver, samledes landsbyens beboere ved flodbredden for at fejre livet og dets uendelige mysterier. De satte sig i en ring omkring et bål, der knitrede lystigt i den kølige afteluft, og begyndte at dele historier fra deres liv.

En ældre kvinde, hvis øjne skinnede som stjerner i det dunkle skær fra bålet, begyndte at fortælle om en tid, hvor hun havde rejst gennem ørkenen på jagt efter sin egen sandhed. Hun mindedes de lange nætter under stjernernes skær, hvor hun havde søgt svar på spørgsmål, som havde plaget hende siden barndommen.

En ung mand, hvis kinder stadig bar spor af uskyld, fortalte om sine eventyr i det fjerne land, hvor han havde fundet kærligheden og mistet den igen. Han talte om hjertesorgens smerte og om håbets uendelige kraft til at hele selv de dybeste sår.

Og så var der en pige, hvis øjne brændte som ild, når hun talte om sin drøm om at flyve højt over skyerne og se verden fra fugleperspektiv. Hun fortalte om sin længsel efter frihed og eventyr, og om hendes modstand mod de snævre rammer, som samfundet forsøgte at pålægge hende.

Mens historierne flød mellem dem som vandet i floden, begyndte landsbyens beboere langsomt at indse, at de ikke var alene i deres drømme og længsler. De var forbundet med hinanden på en måde, de aldrig havde forstået før, som om de var brikker i et større og mere komplekst puslespil.

Pludselig hørte de lyden af fjern trommeslag, der nærmede sig. De rejste sig alle sammen og kiggede forventningsfuldt mod skoven, hvor en gruppe fremmede trådte frem fra skyggen. De bar farverige klæder og smilende ansigter, og de hilste landsbyens beboere velkommen med åbne arme.

Og så begyndte festen. Landsbyens beboere og de fremmede dansede i en cirkel omkring bålet, der brændte lystigt i den kølige afteluft. De sang gamle sange og skabte nye minder, mens natten langsomt krøb sig ind over dem som et tæppe af stjerner.

Da solen stod op igen, og morgenens første stråler ramte flodens overflade, var landsbyens beboere og de fremmede forsvundet som dug for solen.

An Evening by the River

On the bank of a calm river, where the water flows clear and serene among the reeds, lay a small village tucked away from the world. This was a place where time seemed to move slowly, where everyday life was filled with simple joys and small miracles.

One evening, as the sun was sinking down behind the horizon, painting the sky in a kaleidoscope of colors, the villagers gathered by the riverside to celebrate life and its infinite mysteries. They sat in a circle around a crackling fire, which flickered brightly in the cool evening air, and began to share stories from their lives.

An elderly woman, whose eyes sparkled like stars in the dim glow of the fire, began to recount a time when she had journeyed through the desert in search of her own truth. She reminisced about the long nights under the starry sky, where she had sought answers to questions that had plagued her since childhood.

A young man, whose cheeks still bore traces of innocence, spoke of his adventures in a distant land, where he had found love and lost it again. He talked about the pain of heartbreak and the endless power of hope to heal even the deepest wounds.

And then there was a girl, whose eyes burned like fire when she spoke of her dream to soar high above the clouds and see the world from a bird's-eye view. She talked about her longing for freedom and adventure, and her resistance to the narrow confines that society tried to impose on her.

As the stories flowed between them like the water in the river, the villagers slowly began to realize that they were not alone in their dreams and desires. They were connected to each other in a way they had never understood before, as if they were pieces of a larger and more complex puzzle.

Suddenly, they heard the sound of distant drumming approaching. They all rose and looked expectantly towards the forest, where a group of strangers emerged from the shadows. They wore colorful clothes and smiling faces, and they welcomed the villagers with open arms.

And so the celebration began. The villagers and the strangers danced in a circle around the fire, which burned brightly in the cool evening air. They sang old songs and created new memories, as the night slowly crept in over them like a blanket of stars.

When the sun rose again, and the morning's first rays touched the surface of the river, the villagers and the strangers had disappeared like dew in the sun.

Lyspunkter i Mørket

I en verden, hvor alt syntes at være indhyllet i en grå dis af trøstesløshed, boede en mand ved navn Jens. Han arbejdede på en fabrik, hvor han dag efter dag udførte de samme monotone opgaver, indhyllet i støv og støj. Fabrikken var som et dystert monument over samfundets nedbrydning, hvor mennesker var reduceret til maskiner og deres liv var reduceret til en endeløs strøm af arbejde og forbrug.

Men midt i denne mørke verden fandt Jens stadig lyspunkter. Han fandt dem i små øjeblikke af venlighed og medmenneskelighed, der dukkede op som sjældne juveler i en bunke af støv og skrald.

En dag, mens Jens arbejdede på fabrikken, opdagede han en lille fugl, der var faldet ned fra sin rede og lå stille på jorden. Han løftede forsigtigt fuglen op og holdt den i sine hænder, mens han mærkede dens skrøbelighed og frygt.

I det øjeblik indså Jens, at selv i denne dystre verden var der stadig plads til medfølelse og omsorg. Han besluttede sig for at redde fuglen og give den en chance for at flyve frit i himlen, selvom det betød at risikere sin egen sikkerhed.

Han gemte fuglen i lommen og ventede på det rette øjeblik til at slippe den løs. Da dagen var omme og fabrikkens døre blev låst, listede han sig ud og satte fuglen forsigtigt fri, mens han så den flyve væk mod horisonten med et glimt af håb i sine øjne.

Denne lille handling af medfølelse spredte sig som ringe i vandet gennem fabrikken, og snart begyndte andre arbejdere også at finde lyspunkter i den mørke verden. De delte historier om venlighed og omsorg, der gav dem håb om, at tingene kunne ændre sig, selv i den mest trøstesløse virkelighed.

Men fabrikkens ledelse var ikke tilfreds med denne ændring. De så med bekymring på, hvordan arbejderne begyndte at forbinde sig med hinanden og dele deres tanker og følelser. De frygtede, at denne stigende følelse af solidaritet kunne true deres magt og kontrol over fabrikken.

Så de begyndte at tage skridt til at undertrykke denne spirende følelse af samhørighed. De øgede arbejdstiden og reducerede lønnen, så arbejderne blev tvunget til at kæmpe hårdere for at overleve. De overvågede arbejderne nøje og straffede dem hårdt for enhver form for modstand.

Men selv i mødet med denne stigende undertrykkelse formåede arbejderne stadig at finde lyspunkter i mørket. De fandt dem i små handlinger af modstand, i at stå sammen og støtte hinanden i deres kamp mod uretfærdighed og undertrykkelse.

Og så begyndte en ny æra at blomstre på fabrikken, en æra præget af solidaritet, modstand og håb for en bedre fremtid. For selv i mørket kunne lyspunkterne aldrig slukkes fuldstændigt.

Gleams in the Darkness

In a world where everything seemed shrouded in a gray haze of desolation, there lived a man named Jens. He worked in a factory, where day after day he performed the same monotonous tasks, enveloped in dust and noise.

The factory was like a grim monument to the breakdown of society, where people were reduced to machines and their lives were reduced to an endless stream of work and consumption.

But amidst this dark world, Jens still found glimmers of light. He found them in small moments of kindness and humanity, which emerged like rare jewels in a pile of dust and debris.

One day, while Jens was working at the factory, he discovered a small bird that had fallen from its nest and lay motionless on the ground. He gently lifted the bird up and held it in his hands, feeling its fragility and fear.

In that moment, Jens realized that even in this bleak world, there was still room for compassion and care. He decided to save the bird and give it a chance to fly freely in the sky, even if it meant risking his own safety.

He tucked the bird into his pocket and waited for the right moment to set it free. When the day was done and the factory's doors were locked, he snuck out and released the bird gently, watching as it flew away towards the horizon with a glint of hope in its eyes.

This small act of compassion spread like ripples in a pond through the factory, and soon other workers also began to find glimmers of light in the dark world. They shared stories of kindness and care, giving them hope that things could change, even in the most desolate reality.

But the factory's management was not pleased with this change. They watched with concern as the workers began to connect with each other and share their thoughts and feelings. They feared that this growing sense of solidarity could threaten their power and control over the factory.

So they began to take steps to suppress this budding sense of unity. They increased working hours and reduced wages, forcing the workers to struggle harder to survive. They closely monitored the workers and punished them severely for any form of resistance.

But even in the face of this growing oppression, the workers still managed to find gleams of light in the darkness. They found them in small acts of resistance, in standing together and supporting each other in their struggle against injustice and oppression.

And so a new era began to bloom in the factory, an era marked by solidarity, resistance, and hope for a better future. For even in the darkness, the gleams could never be fully extinguished.

Stilhedens Hav

I en lille kystby, hvor havet kyssede klipperne og vinden sang en evig sang, boede en mand ved navn Lars. Han var en fisker, født og opvokset ved havets brusende bølger, og han levede sit liv i takt med naturens luner og havets rytme.

Hver morgen før solen steg op over horisonten, ville Lars sætte sin båd ud på det åbne hav. Han ville ro ud gennem tågen, der hvirvlede omkring ham som et slør af glemsel, og kaste sit net ud i det dybe blå.

I mange år havde Lars brugt sit liv på havet, søgende efter fisk og fred i ensomhedens tavshed. Han havde kendt glæde og sorg, triumfer og nederlag, men altid var han vendt tilbage til havet som et hjem, hvor han hørte til.

En dag, da solen hang lavt på himlen og bølgerne sang en blid vuggevise, besluttede Lars sig for at tage ud på en sidste rejse. Han havde hørt om en legendarisk fiskeplads langt ude på havet, hvor fiskene var talrige og havet var stille som en spejlblank sø.

Han roede ud i det åbne hav, hans båd skåret gennem bølgerne som en kniv gennem smør. Han kunne mærke det gamle træk i sine arme, som havde båret ham gennem så mange år på havet, og han følte sig fri som aldrig før.

Efter timer på havet nåede Lars endelig frem til den legendariske fiskeplads. Han kastede sit net ud i vandet og ventede tålmodigt, mens solen steg højere på himlen og dagen gled langsomt forbi.

Men timer blev til dage, og dage blev til uger, uden at Lars fandt en eneste fisk. Han begyndte at tvivle på sig selv, på sine evner som fisker, og på om hans livs arbejde på havet havde været forgæves.

Men selv i mødet med denne tilsyneladende fiasko fandt Lars en form for fred. Han fandt den i stilhedens hav, der omgav ham som en tæppe af ro og forståelse. Han indså, at selvom han ikke kunne fange fisk, havde han alligevel fundet noget værdifuldt på denne rejse.

Da solen begyndte at synke ned bag horisonten, besluttede Lars sig for at vende tilbage til kysten. Han havde ikke fundet den skat, han søgte, men han havde fundet noget langt mere værdifuldt: sig selv.

The Sea of Silence

In a small coastal town where the sea kissed the cliffs and the wind sang an eternal song, lived a man named Lars. He was a fisherman, born and raised by the roaring waves of the sea, and he lived his life in harmony with nature's whims and the rhythm of the sea.

Every morning before the sun rose above the horizon, Lars would set his boat out into the open sea. He would row out through the fog swirling around him like a veil of forgetfulness and cast his net into the deep blue. For many years, Lars had spent his life at sea, seeking fish and peace in the silence of solitude. He had known joy and sorrow, triumphs and defeats, but always he returned to the sea as a home where he belonged.

One day, as the sun hung low in the sky and the waves sang a gentle lullaby, Lars decided to embark on one last journey. He had heard of a legendary fishing spot far out at sea, where the fish were plentiful and the sea was as calm as a mirror.

He rowed out into the open sea, his boat slicing through the waves like a knife through butter. He could feel the familiar strain in his arms, which had carried him through so many years at sea, and he felt free as never before.

After hours at sea, Lars finally reached the legendary fishing spot. He cast his net into the water and waited patiently, as the sun rose higher in the sky and the day slowly passed by.

But hours turned into days, and days turned into weeks, without Lars catching a single fish. He began to doubt himself, his abilities as a fisherman, and whether his life's work at sea had been in vain.

But even in the face of this apparent failure, Lars found a kind of peace. He found it in the sea of silence that surrounded him like a blanket of calm and understanding. He realized that even though he couldn't catch fish, he had still found something valuable on this journey.

As the sun began to sink down behind the horizon, Lars decided to return to the coast. He hadn't found the treasure he sought, but he had found something far more valuable: himself.

58